사탕 목걸이

사탕 목걸이

유덕숙 감성시집

책만드는집

| 차례 |

1부

- 13 · 분수
- 14 · 하얀 목련
- 15 · 철로
- 16 · 진달래꽃
- 17 · 봄눈
- 19 · 생명
- 20 · 위로
- 22 · 세상살이
- 24 · 독설
- 25 · 봄비
- 28 · 손
- 29 · 보내지 않아도 떠날 것은 떠난다
- 31 · 아침 햇살
- 32 · 공붓감
- 33 · 사과 이야기
- 34 · 바람의 오해
- 36 · 개그 한마당

2부

41 • 봄과 할머니
42 • 스카프
43 • 토마토
44 • 겨울 맥문동
45 • 쑥국
46 • 마지막 잎새
48 • 부분 2
52 • 모르겠습니다
53 • 부분 1
55 • 미련
56 • 부분 3
58 • 혼잣말 2
60 • 혼잣말 1
61 • 바위
63 • 소식
64 • 매화

3부

- 69 · 한여름
- 70 · 식욕
- 71 · 정직의 의미
- 72 · 롤링 웨이스트
- 73 · 열정
- 74 · 그대도
- 76 · 하루
- 77 · 가을날에
- 78 · 행복한 시간
- 80 · 영웅
- 84 · 날
- 85 · 비익조
- 87 · 혼잣말 3
- 88 · 봄날
- 89 · 새는 폭우에도 날갯짓을 멈추지 않는다
- 90 · 장난감 흔들이
- 92 · 산다는 것은

4부

- 97 · 덩굴장미
- 98 · 앙카라 공원 1
- 100 · 앙카라 공원 2
- 101 · 겨울과 나목
- 104 · 가슴으로 부르는 노래
- 107 · 생일
- 108 · 본다는 것의 의미
- 109 · 말하기의 다른 방법
- 110 · 무의식
- 112 · 사랑초 꽃
- 113 · 사탕 목걸이
- 114 · 예럴랄라
- 116 · 통일을
- 117 · 옥잠화
- 119 · 귀향
- 120 · 회복
- 123 · 내가 부를 노래
- 124 · 믿음
- 125 · 환희

1부

분수

오고 가는 것이
어찌 사람뿐이랴

꽃이 아름다운 것은
질 때를 알기 때문이요

가지 끝에 새가 앉지 않음은
자신의 무게를 알기 때문이요

물이 한사코 제 길 잃지 않음은
낮은 곳에 거처가 있음을 알기 때문이지

오가는 것이
어찌 사람뿐이랴

하얀 목련

그래그래

너는 참사랑이다

애저리게

눈부신

꿈길 사랑이다

철로

한쪽에서
그대는
그대의 길을 가고
나는
나의 길을 가면
되는 것이다

꼭 만나서
그대는 그대가 되지 못하고
나는 내가 되지 못하는
슬픈 사연이 될 필요는 없다

끝끝내 만나지 않아야
길이 되는
정해진 거리에서
그저 막막히
바라보면 되는 것이다

진달래꽃

산속 외딴 억새풀 사이에
때아닌 진달래꽃 한 송이가 피었더이다
구름이 지나다 물었다지요
'어쩌다 그렇게 되었느냐'고

봄눈

그렇게 보고파 할 땐
오시지 않더니
무슨 바람이 불었나요

오래 볼 수 없는
만남도 만남인지라
한껏 부풀어 홍얼거렸더니

그새를 참지 못하고
돌아서 가다니요
입맞춤 한 번으로 홀홀히 가다니요

생명

살다 보면 알게 된다
사람마다
가슴에 큰 구멍이
존재한다는 것을
산 너머 가는 해는 외롭고
상처 난 자존심은
회복이 더디다
사람들 사이에서
울며 서 있는 사람아
흘리는 말이 더 겸손하듯
아름다운 것들은 다 입 다물고 있더라
세상은 안다
보이지 않는 것들이
생명을 키운다는 것을

위로

내가
나에게 지쳐
돌아오는 날은
당신이 필요했습니다

겨울은 가고
나는 남아

두 팔 가득 안겨오는
봄을 맞고도

행복의 세리머니를
보여줄 수가 없습니다

내가
나에게 지쳐

돌아오는 날은
당신의 위로가 필요했습니다

세상살이

지금껏 살아보니
세상살이란 것이

몸이 편하면 마음이 고달프다가
맘이 편하면 몸이 고달프다가

이도 저도
고달파지는 것이더라

그래도 가끔
살맛 나는 일도 생겨

꽃 덤벙 눈물 덤벙 하며
살아지는 것이더라

독설

짜더냐
시더냐
꿀맛같이 달더냐
소태처럼 쓰고 떫더냐

죽을 만큼
배고파 보면
세상사 다 맛있는
밥상이다

봄비

한 치의 오차 없이
당신의 뜨거운 심장에
떨어지리라

허허로운 밤을 지새우고
그리운 것들마저 힘을 잃어가고 있을 때

사랑이 되라고
다시 돌아오는 눈물아!

손

제가 자주 다니는
재래시장에 가면

할머니 몇 분이 나란히 앉아서
나물 서너 가지를 놓고 팔고 계시지요

잔파 껍질을 벗기거나
마늘 껍질을 벗기고 얼갈이를 손질하며

쉬지 않으시고
손을 움직이십니다

손톱은 새까맣고
주름진 손마디는 거칠지만

세월을 이겨낸
할머니들의 손은 거룩했습니다

보내지 않아도 떠날 것은 떠난다

1

수성펜이 다 되어가나 봅니다
노트 위를 걸어가는 모습이
여~엉 힘이 없고 후줄근하네요

2

콩벌레기 아파트 놀이터에서
아이들의 장난감으로
주목을 받고 있었지요
그러나 돌아갈 시간이 된
아이들은 뿔뿔이 흩어지고
콩벌레는
딱딱한 시멘트 바닥으로부터
놓여나
풀 속 집을 찾아 걷기 시작합니다

아침 햇살

아침에 일어나
눈부신 햇살을 보고 있노라면

넉넉한 친구가
나의 이름 부르며
달려올 것만 같고

인생이라는 무거운 수레가
비눗방울처럼 가볍게
느껴지기도 하다가

아침에 일어나
눈부신 햇살을 보고 있노라면

셈하며 돌아섰던 사랑이
헛기침하며 배시시
올 것도 같다가

공붓감

이른바, 자신으로부터 벗어난다는 것이
다시 태어나는 것일진대
호락호락하랴
세상만사가 공붓감이다

사과 이야기

빨간 사과와 노오란 사과
그리고 초록 사과가
세상에서 만났습니다
서로를 경계하며
누가 더 잘났는지
호시탐탐 질시 어린 눈으로
곁눈질을 했답니다
그런데 막상 피치 못할 사정으로
옷을 다 벗고 보니
한결같은 몸에
똑같은 사과라는 것을
뒤늦게 알게 되었지요

바람의 오해

바람은 오늘도
억새 주위를 휘돌며
어리석은 눈동자를 굴리고 있었다

개그 한마당

1

죽었다 살아나 봐야

아아~

살아 있다는 것이

얼마나 축복인지 알게 되지

2

결혼해서 살아봐야

아아~

전쟁에 나가는 것보다

바다를 항해하는 것보다

결혼이 얼마나 혹독한 인내로 유지되는지

차근차근 알게 되지

3

아이를 낳아봐야

아아~

부모가 되는 것은

내가 되어가는 것이구나 하며

괜히 했어, 괜히 했어를 남발하게 되지

2부

봄과 할머니

팔순에 가까워 보이는
할머니 한 분이
활짝 핀 진달래 한 송이를
입에 물고
횡단보도를 건너오고 계셨습니다
눈길이 마주치자 나는
재빨리 소리쳤습니다
'할머니, 입에 물고 있는
진달래꽃이 너무 예뻐요' 했더니
할머니
'할머니라 하지 마라' 며 몹시
언짢아하셨지요
아, 나이도 어쩔 수 없는
마음의 청춘이여!

스카프

봄바람이 불고 있다
누군가의 목에 단단히 매인
스카프는
가끔 끝자락으로만
투정을 부린다

마음 놓고
나부낄 수 없는 존재가
어찌 산 것이냐고

매인 존재가 어찌
멋을 알 수 있느냐고

묶임으로 시작된 사이란
갈등의 연속이지 않느냐고

토마토

안팎의 색이 같지요
여러 개의 방을 지니고 있고

말랑거린다고 쉽게 보아
냉큼 손 뻗치지 마시길

통째로 먹으러기든
아주 조심하시길

허기로 덤비다간 때 묻은 옷에
얼룩만 더할 수 있으므로

겨울 맥문동

하루 이틀도 아니고
꽁꽁 언 몸을 하고
어찌 살아 있느냐

진종일 땅에 널브러져
누우런 신음만 토하더니
무엇이 그토록 가슴에 닿아

그믐밤 헤집고
달려가느냐 말이다
오들오들 떨며 가느냐 말이다

쑥국

봄 쑥국 한 사발에 눈물이 핑, 돕니다

마지막 잎새

몰랐다
누구보다 아름답게 살고자 했던
생생한 너의 몸부림을

부분 2

자기 이야기가 아니면

귀담아듣지 않는 현실에

살고 있는 우리들

이름은 그리 중요하지 않다

바람은 나의 것이고

통 치고 돌아서는 것은

너의 선택이었듯이

새순 돋는 나뭇가지와 상관없이

파헤쳐 놓은 공원 길은

비둘기 똥마저

멀리 쫓아버렸다

사는 것이 부담스럽게 느껴질 때

종종
낯선 거리에 서고 싶은가

비슷하지 않기에 사람이더냐
틈이 있기에 사람이더냐

모르겠습니다

좋은 그림이나
좋은 시는
말이 필요 없는 것이지요

진리도 그러하구요

그런데
그런데 말입니다
이별 없는 사랑이란

부분 1

한동안 공원 산책에 게으름을 부렸더니
인공 호수에 살얼음이 언 사실도 몰랐습니다
어미 새가 새끼 서너 마리를 거느리고
보란 듯이 유유히 오며 가며 놀았었는데
오늘은 보이지 않습니다
보이는 것은 꽁꽁 얼어 있는 호수 위에
누군가 장난삼아 던진 돌멩이들만 풍성한 겨울에
얹혀 있습니다
던지면 던져지고 밟으면 밟히며 살았던
돌멩이, 지금은 누구의 손도 미치지 못하는 곳에서
꽃다히 제 모습으로 앉아 있네요

미련

차를 다 마신 후

찻잔에 남아 있는 온기

두 손으로 쓰다듬는

부분 3

봄에 피는 꽃들은
무슨 이유로
잎보다 먼저 세상에 나오는 것인가
매화, 목련, 개나리, 진달래, 배꽃
산수유……

꽃샘바람이 몇 차례
불고 나서야
주춤거리던 봄은
호들갑스런 사람들의 입에서
터져 나온다

아무렇지도 않게 오는 봄이라면
누가 그리 절절히 기다리겠는가
누가 그리 얄궂게 기다리겠는가

봄이란 마치
사람들의 사랑놀음 같다
뻗치고 당기는
마음놀이 같다

혼잣말 2

주눅 들지 마라

제 흥에 겨워
어깨 들썩이며 놀다 가는 게 세상이다

어젯밤
천둥, 번개 요란했던 것도 모르고

어느 여인은 세상모르고
잠들었다더구나

삼동이 제아무리 추워도
벗은 맨발을 어찌 당하랴

혼잣말 1

장마가 계속되고 있다
눅눅한 공기가 무척 거슬린다

친구여,
그대는 하루 중
그대가 원하는 한 가질 하고 계시는가

바위

바위에도 얼굴이 있었습니다
함부로 흉내 낼 수 없는
표정이 있었습니다
매일 새롭게 태어나고
매일 새롭게 죽으려는
각오가 있었습니다

소식

한여름
잘 울던 매미도
울음을 뚜욱 그치면
궁금해집니다

매화

해는 짧기만 하고
매서운 바람은
시시로 벗은 몸을 후려쳤지

바람막이 없는 땅에서
할 수 있는 것이란
꼿꼿이 서서

뿌리를 다독이는 일이었어

봄은 해마다
쉽게 오지 않았고

꽃불 역시
눈물 없이 번지지 않았지

그러나 어찌하랴

속없이 달려가는

허심의 향기를 어찌하랴

3부

한여름

오래된 선풍기 속에서
울고 있는
한 마리 매미

식욕

배가 고프지 않았다
서점에서 읽을거리를
사가지고 돌아오는 날은

돌고 도는 세상에서
결국은 다 미안해지는 세상에서

정직의 의미

평생 옷 수선으로
굽은
아저씨의 등

아침마다
아파트 단지를 청소하는
청소부의 빗자루

검버섯으로 검게 덮인
아흔 할머니의 외론 얼굴

롤링 웨이스트

나뭇잎 하나가
풀을 흔들기도 하듯이

무기력함을
롤링 웨이스트에 얹어
흔들어본다

욕망, 갈등, 사랑, 미움, 분노
온갖 허물이
시뻘건 질주를 끝마치고

마침내
멈춰 선 자리는
빈 공간이다

아, 가만히 두어도
흔들리는 인생

열정

당신의 모습을 확인하기 시작할 때
우리의 사랑은 무너지고 있었네

그대도

산뻐꾸기 울거든
그대도 덩달아 노랠 부르시지요

잠들지 못하는 밤
달빛 눈에 머물거든

그대도 환하게
웃어보시지요

흰 목련 꽃망울
촛불처럼 타오르거든

그대도 님 향해
달려가 보시지요

하루

하루가 웃을 땐
산찔레꽃 향기가 납니다

가을날에

꽃 진 등나무 아래에 누워본다
어쩐다? 방황하지 않으면
사랑은 오지 않는다고 했는데―

행복한 시간

1

풀밭에 벌렁 누워

아무 생각 없이

허공을 바라보는 행위

2

씹으면 단맛 나는 사과처럼

사그랑사그랑 들리는

아이들의 웃음소리에

나도 덩달아 웃고 싶어지는 행위

3

외출했던 영혼이

집으로 돌아와

망설임 없이 무릎 꿇는 행위

영웅

차가운 바다
백령도 앞바다에서
삶을 마감한
고 한주호 준위,
국토 수호의 임무를 수행하던
우리의 자랑스런 아들들이
서해에 잠겨
아직 돌아오지 못했다고
실종자 수색을 자원했던
금양호 선원들의 숭고한 죽음이야말로
우리들이 그토록 목말라 했던
영웅들입니다
먹먹한 가슴에 흐르는 눈물이
태극기를 적시고
그들의 희생이 헛되지 않도록
우리는

우리들의 자리에서
대한민국의 참다운 국민이 되어야 합니다
어떤 말로도 그들의 가족들에게
위로가 될 수 없음을 알기에
이렇게 엎디어
눈물의 기도를 올립니다

하느님
아름다운 영웅들의 영혼을
천국에서 편히 쉬게 하소서

날 日

7월의 마지막 날
어떤 이에겐
온통 세상이 장미 향기처럼
향기로운 날일 수도 있겠고

또
어떤 이에겐
먹구름처럼 가슴 먹먹한
날일 수도 있을 터이다

매미 울음이 한창인 때

나 또한
7월의 마지막 날을
이야기 없이 보내고 있구나

비익조

알게 되리라
독특하다는 건 외로운 것

새야
땅에 엎디어
날지 못하는 새야

긴 세월
한쪽 날개를 찾아 나선
비익조의 눈은 슬프다

불균형의 몸뚱이

언제쯤
두 날갯죽지로
바라던 하늘에 닿을 수 있느냐

혼잣말 3

주저앉는다 힘없는 존재는
쓰러진다 가벼운 것들은

연들은 날기 전
바람을 알지 못하고

구름은 흩어지기 전
모양을 알지 못한다

봄날

한 번에 오지 않는 봄이라고
봄이 아니더냐

바람굽이 속에서도
꽃은 핀다

꾸미지 마라
애달픈 게 인생이다

새는 폭우에도 날갯짓을 멈추지 않는다

이것은
우리가
살아 있는 이유와 같다

불행 속에
행복이

무의식 속에
의식이 자릴 잡고 있는 것처럼

그대여
변화를 두려워 말라

세상에 던져진 하루는
이미 짧다

장난감 흔들이

태양열을 이용한 장난감 흔들이를
내 생일날 딸이 선물했지요
앉아서 두 팔을 뒤로 짚고
좌우로 머릴 흔들며
천연덕스럽게 웃지만
빛이 있을 때에만 살아 있습니다

지천명을 훨씬 넘긴 나이임에도 불구하고
장난감 흔들이를 보고
대단히 기뻐할 것이라는
엄마의 마음을 헤아리고
꿈을 향해 도전하고 있는 딸이
선물한 것이지요

흔들이를 보면 웃게 됩니다
흔들이를 보면 늘 푸른빛을 향하게 됩니다

그리고
사랑하는 딸이 있어서 참 고맙습니다

산다는 것은

당신을 웃게 하는 사람이나
당신을 살게 하는 사람이 있기에
산다는 것은
즐거움이 되겠지요

허나,
그런 사람이 없을지라도 너무
쓸쓸해하지 마세요

진뜩 흐리던 하늘이
불식간에 환한 웃음 보이듯

당신을 웃게 하는 사람이나
당신을 살게 하는 사람이
당신에게만 없다고 너무
슬퍼하지 마세요

언젠가 당신에게도
흐르는 물 위에 나비 날듯
고운 사람이 찾아오겠지요

4부

덩굴장미

빛나시라
그대 덩굴장미여

몸속에 가시를 지니고
담장을 기웃거리는 마음이야

오죽 아프랴

말하지 않아도
그대는 희망이다

감출 수 없는
달콤한 희망이다

앙카라 공원* 1

1

향나무 그늘 아래

새파란 이끼들이

몽실몽실 피었습니다

소나기 온 후

색깔이 더욱 선명하네요

2

아스팔트 길을 걷다가 흉내만 낸

흙 땅을 밟아보니 그것도 흙이라고

기분이 좋아집니다

작은 공원에서 자라고 있는

플라타너스, 은행나무, 미루나무, 느티나무가

서로를 의지해

터널을 만들었네요

아쉽지만 볼 만합니다

* 서울 여의도 인도네시아 대사관 옆에 있는 공원.

앙카라 공원 2

 실비 내리는 공원의 저녁 9시, 풀잎 나른히 젖고 있을 때 쉼터 한쪽 힘없는 가로등 불빛에 의지해 책을 읽고 있는 사내가 보이고, 막 택시에서 내린 두 사내가 또 성큼성큼 공원 안으로 빨려들어 옵니다 늙은 사내와 젊은 사내, 젊은 사내는 만취한 상태인지 걸음을 제대로 가누지 못하네요 무심히 공원 한 바퀴를 돌아서 벤치에 이르니 두 사내는 죽은 듯 누워 있습니다 삶이 몹시 고단했던지 쏟아지는 비도 아랑곳하지 않는 그들의 고통이 여과 없이 내게로 건너올 그때 불현듯 '호텔 캘리포니아'의 노랫말이 생각났습니다

 '캘리포니아 호텔에 오신 것을 환영합니다

 아름답고 환상적인 곳 쉴 만한 방도 많이 있는 캘리포니아 호텔

 언제든 만족할 수 있는 곳'

---

* 이글스의 'Hotel California' 중 부분.

겨울과 나목

보여줄 수 있을 때
속살 다 보여주리라

단풍잎이 겨울새 등에 얹혀 갔다고
가슴 뛰는 삶이 아니랴

옹색할 때 꿈은 더더욱 빛나고
된서리 맞은 후에야

둥지는 나목에서
꽃이 되더라

보여줄 수 있을 때
속살 다 보여주리라

가슴으로 부르는 노래

거리의 악사는 자신을 위해
음악을 연주하지 않듯이

부모란 자식을 위해
자신의 인생을 내어주는 것입니다

젊어서는 밥 먹고 살았고
늙어서는 약 먹고 산다는

인생 선배의 표현이
절절히 가슴에 와 닿는 걸 보면

나 역시 광야 같은 세상길을
수월찮게 걸어왔다는 것이지요

황사 비를 맞아보지 않은 이가

어찌 그 후유증을 알겠으며

자식의 아픔을 헤아리지 못하는 애비가
어찌 자식의 등을 토닥여줄 수 있겠는지요

낙타의 눈에서도
눈물이 흐른다고 합니다

사막처럼 메말랐던 마음이
사랑으로 적셔질 때 눈물을 흘린다고 합니다

생일

해마다 내 생일이면
빨간 장미 백 송이와 고급 와인

그리고 맛있는 케이크를 보내주는
남자가 있습니다

얼마나 로맨틱합니까
이 세상 모든 여자들의 바람이기도 하지요

그 남자는 나의 마음을
너무나 잘 읽습니다

그 남자는 바로
내가 사랑하는 아들입니다

본다는 것의 의미

온갖 상념들이 잠잠히 흐르고 있습니다
늦은 밤 촛불을 켜고
흔들리는 불빛에 뜻을 수놓는
한 여인이 보입니다
'공작새들은 다른 공작새의 꼬리를
부러워하지 않는다' 라고
버트런드 러셀은 『행복의 정복』이라는 책에
글을 남겼습니다
공작새가 되는 것
외양만이 아닌
내면의 공작새 말입니다

포기하지 않고
노력을 멈추지 않으면
그렇게 될 것임을 믿기에
이 밤 빛나는 별들을
샅샅이 훑고 있습니다

말하기의 다른 방법

짐승들에겐 두 얼굴이 없다
배고프면 배를 채우고
종족 보존을 위해 교미를 하고
잠이 오면 자고
목마르면 물을 마신다

짐승들에겐 두 얼굴이 없다

무의식

깊지만
바다 밑이 훤히 보이는
높은 갯바위 끄트머리에 서 있었습니다
많은 사람들이 웅성거리며 일제히
구경을 하고 있었고
누구도 쉽사리 뛰어내릴 수 없는 절벽 같은
높이였기에
보는 사람들의 가슴을 조이게 하는
순간이었습니다 망설임 없이
새처럼 허공에 몸을 날리려는
찰나
깨어보니 꿈이었습니다
너무도 생생한 꿈이었습니다

사랑초 꽃

외래종이지요
한 줄기에
하트 모양의 잎이 세 잎 달렸구요

꽃은 연보라색 작은 것들이
올망졸망 피지요

누가 일러주지도 않았는데

상처받기 쉬운 게 사랑인 줄 알고

제 바람에 멍이 드는 이파리

사탕 목걸이

사탕 목걸이를 난 무척 좋아하지요
길 가다 우는 아이에게 한 알
외로운 이에게 한 알
공부에 지친 학생에게 한 알
그리고 종종
나에게도 한 알

사탕 목걸이를 하고 다니는 사람을
보시거든 손 내밀어주세요

예럴랄라

들떠 있는지요
그렇다면 그대는 분명 어떤 것에 빠져 있네요
그것이 사랑이든 예술이든

가수 강산에의
'이구아나' 노랠 아시는지요

이×구=예럴랄라입니다

통일을

올해에도 무궁화꽃 피고 지는데
동강 난 땅덩어리는
이어질 줄 모른다
통일이
모든 사람의 밥그릇을
위협하는
죽고 사는 문제가 될지라도
나눔의 역사로
핏덩이들을 안을 순 없다
누가 주는가 통일의 밥상을
무궁화꽃은
대한민국의 국화다

옥잠화

넓은 잎사귀는 엄마의 품처럼 넉넉합니다
보기만 하여도
따뜻한 화롯가에 앉아 있는 것처럼
몸과 마음이 훈훈해집니다
옥잠화는 무엇보다도
그 빛깔과 잎의 주름이 선명하고
생명력 또한 대단해서
우리들의 어머니처럼 강인합니다
척박한 땅에서도
끝끝내 꽃을 피우고 씨를 맺는
옥잠화

귀향

달아나지 마라

멀어지면 멀어질수록

돌아오는 길은

지치고 어지럽다

회복

당신의 사랑이 아니면
아무것도 할 수 없다면서

당신의 은혜가 아니면
잠시도 평안할 수 없다면서

당신의 말씀이 아니면
영원히 목마를 수밖에 없다면서

언제나 세상 아래
계시게 했습니다

나의 기도는 무심했고
나의 믿음은 종종 실종되었기에

이제 또다시

처음의 사랑으로 돌아가려 합니다
주님

내가 부를 노래

가엾게 세상을 떠난 이들과
가엾게 세상을 살아가는 이들에게

내 정녕 부르고 싶었던 노래를
맘껏 들려줄 수가 없네요

지금이 아니면
당장 힘들어질 것임을 알고 있지만

뜨겁도록 뜨겁도록
목청껏 부를 수가 없네요

믿음

형제의 눈물과
나의 눈물이
결코 다를 수 없음을 봅니다

어두운 밤이 위로가 될 수 없고
밝은 태양이 만족이 될 수 없었기에
연약한 우리의
눈물 기도는
기쁨이 되어야 하고
응답이 되어야 하고
살아갈 수 있는 힘이 되어야 합니다

그런데 왜 우리들은 매번
죽을 만큼 힘들어서야
살아 계신 주님이 믿어지는 것입니까

환희

기뻐할 수 있을 때
기뻐하고

감사할 수 있을 때
감사하며

사랑할 수 있을 때
사랑하리

오, 놀라워라

고통을 어루만져
지혜로 나아가게 하시는

당신의 무한한 은총이여!

사탕 목걸이

초판 1쇄   2010년 6월 1일
지은이   윤덕숙
펴낸이   김영재
펴낸곳   책만드는집

주소   서울 마포구 합정동 428-49번지 4층 (121-887)
전화   3142-1585·6
팩스   336-8908
전자우편   chaekjip@chol.com
출판등록   1994년 1월 13일 제10-927호
ⓒ 윤덕숙, 2010

* 이 책의 전부 또는 일부 내용을 재사용하려면 사전에 저작권자와
  책만드는집의 동의를 받아야 합니다.
* 잘못 만들어진 책은 구입하신 서점에서 교환해드립니다.

ISBN 978-89-7944-335-6 (03810)